달맞이 꽃
Evening Primrose

고석원 제10시집

엠-애드

열 번째 시집을 내면서

올 2월에 9집 들길을 내고
8월에 다시 시 10집을
낸다는 것은 무리지만…

묵은 물은 퍼내야한다는
생각도 들고
독자와의 약속도 있고 해서

이번에도 용기를 내어
시 10집 달맞이꽃에
부끄러운 시 60편을 담아

나와 내 시를 사랑하는
독자 여러분에게
두려운 마음으로 드립니다.

                    2009. 7. 28
                    著者 高錫元

1부 달맞이

- 달맞이 꽃 … *11*
- 석류나무 … *12*
- 긴머리 소녀 … *14*
- 사진 5 … *16*
- 사랑 3 … *17*
- 맹꽁이 … *18*
- 첫눈 … *20*
- 청둥오리 한 미리 2 … *22*
- 가시나무 새 2 … *23*
- 내가 당신을 떠나 보낸 것은 … *24*
- 가을편지 … *25*

2부 전원생활

- 전원생활 … *29*
- 전원일기 4 … *30*
- 전원일기 5 … *32*
- 허수아비 … *34*
- 늦 복(晩福) … *36*
- 소나무 정원수 밭에서 … *38*

- 레드러플 … 40
- 입춘(立春) … 42
- 배꽃 … 44
- 겨울상추 … 45
- 그 알쫑알쫑헌 사람 … 46
- 여치 … 48

3부 산길

- 산길 … 53
- 한강 비둘기 … 54
- 불안(不安) … 55
- 한강 백사장을 찾았다가 … 56
- 고 스톱 … 58
- 텃세 … 60
- 범생이 가출(家出)하다 … 62
- 할머니의 노래 … 64
- 나무와 바람 … 66
- 뻐꾸기야 … 67
- 열차 안에서 … 68
- 탐석(探石) 2 … 70
- 필리핀에서 2 … 72

4부 들떡 방앗간

- 중앙박물관 '거울못'에서 … 77
- 새벽시장 … 78
- 선유도 은행나무 … 80
- 하모니카 … 82
- 국화옆에서 … 84
- 하숙아줌마 … 86
- 제자들의 초대를 받고 … 88
- 정년퇴임 … 90
- 탐석(探石) … 92
- 고추잠자리를 보며 … 94
- 옥산(玉山)농협에서 … 96
- 들떡 방앗간 … 98

5부 나의 소중한 사람들

- 소금 … 103
- 시루뻔 나물 … 104
- 또 감사를 했더니 … 106
- 논두렁에서 2 … 107
- 정수기 … 108
- 자취밥 … 110
- 지구촌 온난화 3 … 112
- 편지 5 … 113
- 구당 김남수 의원(醫員) … 114
- 고아(孤兒) … 116
- 나의 소중한 사람들 … 118
- 고희연(古稀宴)의 기도 … 120

1부 달맞이꽃

- 달맞이 꽃
- 석류나무
- 긴머리 소녀
- 사진 5
- 사랑 3
- 맹꽁이
- 첫눈
- 청둥오리 한 마리 2
- 가시나무 새 2
- 내가 당신을 떠나 보낸 것은
- 가을편지

달맞이꽃

다리가 너무 아름답고 고와서
언제나 우중충한 긴 바지만
입고 다니는 사람이 있습니다.

그래서 직장 동료들 중에도
아직 그 사람의 예쁜 다리를
본 사람은 아무도 없습니다.

일을 하면서도 기도를 하기 때문에
평소엔 그 사람의 말소리도
여간해선 들을 수가 없는데…

오직 사랑하는 사람을 만날 때만은
미니스커트를 입고 나가서 수다를 떠니
그 사람이야말로 진짜 달맞이꽃입니다.

석류나무

볼그레 속니 들어 내놓고
활짝 웃던 네 가을 모습은
초여름 빨간 꽃을 피울 때보다도
더 멋지고 아름다웠었는데…

만추 서릿바람에
노랗게 변한 네 자태야말로
꽃보다도 열매보다도
더욱 수려하고 아름답구나!

살아갈수록 더
아름다운 모습을 보여주는
나의 멋진 석류나무야!
네가 내 곁에 있어 나는 참 좋구나!

올겨울에도 네게 도랑치마를 입혀주마.
겨울 찬바람 이겨내고 견디어서
내년 다시 꽃필 날을
우리함께 기다리며 살자꾸나!

긴 머리 소녀

보슬비 오던 날
아무도 없는 외진
들판 길을 걸으며 내게
'긴 머리 소녀'를 불러주던 사람아!

그때 네 모습은
노래 가사에서 나오는
긴 머리 소녀 바로 그거였으니…
너는 네 노래를 부르고 있었던 거야!

너의 긴 생 머리카락에서는
뚝뚝 윤기가 흘러내리고,
까풀진 너의 맑은 눈은
너무나도 순하고 아름다웠는데…

지금도 빗소릴 들으면
내게 '긴 머리 소녀'를 불러주던
네 모습이 환히 떠올라
나는 참 좋단다.

사진 5

당신님이 보내준
사진 한 장을

고이 담아 가슴에
숨겨두고서

당신님이 그립고
보고플 때면

누가 볼까 살짝이
꺼내보는데

그때마다 내 마음
평안해 짐은

당신 맘이 그 안에
계셔섭니다.

사랑 3

사랑은
다
주는 것

다
주고
싶은 것

맹꽁이

맹꽁이 너희들이 왜
밤을 지새우면서까지
그리 울어대고 있는지
여직껏 나는 그 연유를 몰랐구나!

소쩍새가 님을 찾아
울며 밤을 지새우듯이
너희들도 님이 그리워
님을 찾아 우는 줄만 알았는데…

이제와 보니 너희들은
외로워서 우는 게 아니고
암수 쌍쌍이 업고 업히어서
정답게 합창을 하고 있으니…

너희들의 밤새워 부르짖는
밍~멩~ 밍~멩~ 소리는
정말 환희에 넘치는
사랑의 멜로디로구나!

첫눈

오늘은 아침부터 뭉게구름이
서천(西天)을 시커멓게 뒤덮어
혹시 눈이 내리려 나 하고
잔뜩 기대를 해보았지만…

내일이 벌써 동진데
눈 대신 겨울비만 내리고 있으니…
성탄절이나 되어야
첫눈은 오시려나봅니다.

생각해 보면 지금 내가
첫눈을 기다릴
아무런 이유도 없지만…
그래도 눈을 기다리는 것은

눈이 내리면
내 마음도 덩달아
옛날로 다시
돌아가기 때문입니다.

청둥오리 한 마리 2

한강 잠수교 아래
청둥오리들 떼를 지어
한가로이 놀고 있는데…

엄병하게 생긴 청둥오리 한 마리
잠수교 근처에는
감히 얼씬도 못하고,

혼자 한강공원 앞 물위에
외로이 떠서
한나절이나 주변만 맴돌고 있다.

아마 저 불쌍한 청둥오리도
누군가를 찾아 한강까지 왔다가
바람을 맞고 있나보다.

가시나무 새 2

제멋대로 왔다가
제멋대로 가버린
가시나무 새!

언제는
기다리지 않아도
잘도 오더니만,

이젠 미운 정 곤 정 들어
기다리니
아니 오는구나!

허긴 잠시 왔다가
또 갈 바에야
온 단들 무엇 하리!

내가 당신을 떠나보낸 것은

내가 당신을 떠나보낸 것은
당신이 싫어서가 아니고
당신을 너무 사랑하기 때문입니다.

사랑하는 사람의
떠나는 뒷모습을 보는 것은
너무나도 슬픈 일이지만,

그래도 내가 당신을
내게서 떠나보낸 것은
당신을 영원히 사랑하기 위해섭니다.

가을 편지

섬돌 밑에 날아온 단풍잎을 주어
마지막 편지를 써서
가을 하늘에 띄워 보냈습니다.

' 그동안 나는
기다릴 당신이 있어
진정 행복했었노라.' 고…

하얀 낮달이
전봇대 뒤에서
하염없이 눈물을 흘리고 있었습니다.

2부 전원생활

- 전원생활
- 전원일기 4
- 전원일기 5
- 허수아비
- 늦복(晚福)
- 소나무 정원수 밭에서
- 레드러플
- 입춘(立春) – 1990년대 후반
- 배꽃
- 겨울 상추
- 그 얄쭝얄쭝헌 사람
- 여치

전원생활

어제 밤 보슬비 촉촉이 내리더니
오늘은 아침부터 날아갈듯
기분이 상쾌하여
서둘러 울 밖을 나가보니…

산막 재 너머 파란 남쪽 하늘엔
흰 구름 떠 유유히 흐르고
백로 한 마리 높이 떠서
용화산 위를 훨훨 날고 있는데…

앞산도 하늘도
어디를 둘러봐도 다
싱그럽고 푸르러
아름답지 않은 것은 하나도 없습니다.

청 호박은 그대로 놓아두고
먼저 핀 밤 호박잎을 따서 한 손에 쥐고
아직 청량 고추는 따지도 않았는데
내 입안에선 벌써 군침이 돌고 있습니다.

전원일기 4

콩 씨를 뿌려놓고 다음 날
여섯시도 채 되기 전에
장대대신 노트를 들고
황급히 콩밭에 나갔더니…

벌써 까치들이 몰려와서
콩밭 근처 아카시나무 숲에서
깍깍깍깍 소리를 지르며
소란을 피우고 있었습니다.

까치소릴 들으며 나는 행 길가
의자에 앉아 몇 자 끄적이는데…
아침 공기가 어찌나 상쾌한지
저절로 심호흡이 터져 나와

가슴이 확 트이면서
까치들 지저귀는 소리가
그날 아침 내 귀에는
오히려 음악같이 들렸습니다.

전원일기 5

나이도 그렇지만 고희가 넘어서
무논에 들어가 일을 한다는 게
좀 그래서
통고지로 맡겨서 농사를 짓다보니…

해마다 가을만 되면 유독
우리 논은 올망대가 판을 치고
논마다 피가 흐드러져
볼 때마다 마음이 너무 아팠는데…

수확량도 그렇고 해서
올해는 마음을 단단히 고쳐먹고
아침저녁으로 손수 논에 들어가
논을 살피며 일을 했더니…

사람들은 무리하지 말라지만
양말발로 논둑에 서서
속상해 하는 것보다
몸도 맘도 훨씬 편하고 더 좋았네!

허수아비

앞밭에 메주콩을 심어놓고
의자에 앉아 시를 쓰며
비둘기, 까치를 보다가 꾀가 났습니다.

하얀 빈 소금포대에 왕겨를 넣어
내 와이셔츠를 입히고
밀짚모자를 벗어 씌워서
비스듬히 의자에 앉혀놓았더니…
영락없는 내 모습 그대로였습니다.

허수아비에게 콩밭을 맡겨놓고
집에 들어와 놀다가
어쩌다 생각나서
담 너머로 콩밭을 살펴보면,

까치, 비둘기는 보이지 않고,
콩밭머리 의자에선
내 와이셔츠 소매만 바람에
살랑살랑 흔들거리고 있었습니다.

늦복(晩福)

혼자서 소나무 분재 밭을 맬 때마다
밭에 닭을 방목하면
풀매기도, 거름도 해결되고
진짜 토종닭에 유정란도 먹고
닭 울음소리도 들으면 좋을 것만 같아

아내의 반대를 물리치고
폐계 열여덟 마릴 사다 놓고,
큰아들과 함께 닭장을 지어놓고 보니…
당장에 장 닭도 두 마릴 사다가
수컷 구경도 못해본 불쌍한
저 폐계들에게도 짝을 지어주고 싶다.

죽음 앞에서 극적으로 살아나온 폐계들!
분재 밭은 풀들로 가득하고,
그 위엔 여러 곤충, 벌레들
땅속엔 지렁이 굼벵이가 늘비한데…
아무튼 저놈들은 늦복이 터진 놈들이다.

송판으로 만든 닭장이 너무 무거워
큰손자 고3 형민의 목소리가 커지고,
초등1 형문이는 닭을 잡아넣느라 신바람이 나고…
아들, 며느리는 닭장이 통나무집이라며
콘크리트 우리 집보다 더 좋단다.

좌우간 나도 닭 때문에 늦복이 터진 셈이다.

소나무 정원수 밭에서

근래 와서 몇 년 동안 너무 힘이 들어
정원수 돌보기를 게을리 했더니
소나무 정원수가 볼품이 사나워져서,

작년엔 밭에 소금을 뿌려
제초제로 오염된 흙살을 정화하고
잡초를 완전히 파 엎은 다음,

요소에 유기질 비료를 몽땅 주고 나서
제초제는 완전히 끊고 계속
김을 매주면서 정성을 들였더니…

누렇던 소나무가 진녹색을 띠우면서
다시 살아나고 있으니…
이러니 내가 짐 벗을 날이 있어야지!

레드러플

항상 피던 그 자리
앞밭 행 길가에서
해마다 똑 같은 그 모습 그대로
꽃분홍 레드러플은 아름답게 피었었는데…

그 동안 잡초 사이에서
제멋대로 피어있을 때는
거기에 꽃나무가
있는 줄도 모르고 지나치던 사람들이

올봄에는 꽃봉오리가 벌어질 무렵
꽃나무 주변을 깨끗이 매주고
신경을 써서 가지도 정리해주고
잘 다듬어 주었더니만…

지나가는 사람마다
저렇게 아름다운 꽃나무를
누가 손이라도 대면 어쩌려고
길가에 내다 심어놓았느냐며 걱정들을 한다.

입춘(立春)
-1990년대 후반-

오늘은 봄이 시작한다는 입춘 날!
들뜬 맘으로 밖을 나가보니,
세상은 눈 속에 묻혀있고
마을은 아직 잠이 들어 적막한데…

배고픈 참새 한 가족
아침 일찍부터 조용히
참 빗살 나무 가지에서
눈을 털며 계속 입질을 하고 있다.

세상은 아직 찬 기운만 가득하고
어디서도 봄을 볼 순 없지만
봄은 땅속에서부터 온다고 했으니
지금 땅속엔 벌써 봄은 와있겠지!

아, 희망의 봄이여!
내가 기다리는 봄이여!
생기가 솟구치는 생명의 봄이여!
생각만 해도 가슴이 벅차오르는 봄이여!

배꽃

나, 배보다는
배꽃이 좋아
앞밭에 배꽃나무
세 그루를 심었네!

저 배나무
크게 자라서
서로 어우러지고
배꽃이 피어 흐드러지면

배꽃나무 아래서
달이랑
같이 놀고 싶어
배꽃나무를 심었네!

겨울 상추

올 크리스마스엔 집에서
삼겹살이나 좀
구어 먹을까 하고
허실삼아 앞밭을 나가보았더니…

아, 이게 웬 일인가!
시든 줄만 알았던 상추가
색깔만 자주색으로 변했을 뿐
아직도 싱싱하게 살아있네!

이 달에도 호남지방엔 벌써
두 번이나 큰 눈이 내려
그때마다 상추밭을
한 자(尺)나 뒤덮고 있었는데…

눈 덮인 이 한겨울
내 손수 농사를 짓지 않았다면
어디 가서 이 향긋한
청정 노지 상추를 맛볼 수 있으랴!

그 얄쭁얄쭁헌 사람

해마다 6월이 오면
내 몸이 열이라도 모자라는 것은
소나무 분재와 정원수
순치기를 해야만 하기 때문이다.

젊어서는 쳐다보지도 않던 아내가
근래에 와서는 어쩌다 한 번씩 도와주는데
그때마다 아내는 일 잘하는 사람 하나 데려다가
일도 같이하고 밥도 시켜먹으란다.

내 마음을 떠보는 소린 줄 알고
그때마다 아무소리도 하지 않다가
그게 원이라면 얄쭁얄쭁헌 사람으로
하나 데려오라고 했더니…

이제야 알았다며 그 후로는
그 얄쫑얄쫑헌 사람 데려다가 같이 하지
왜 날 바라보느냐며
아내는 언뜻하면 날 공박하곤 한다.

여치

입동 날 아침
몇 낱 빗방울을 날리며
시설스레
삭풍이 몰아치더니…

현관 앞 섬돌
빗물 위에
여치 한 마리 곤두박질쳐
맥없이 허우적거린다.

여치가 가여워서
요놈을 됫박에 담아다가
종이로 덮어
방에 들여놓고

조반을 먹고 나서 열어보니
다 죽었던 여치는
뛰어나와
온방을 휘 집고 날아다닌다.

나는 방에 화분을 들여놓고
여치 보금자리를 만들어주었더니…
아내가 들어와 보고는
"내가 정말 못 살아."

3부 산길

- 산길
- 한강 비둘기
- 불안(不安)
- 한강 백사장을 찾았다가
- 고스톱
- 텃새
- 범생이 가출(家出)하다
- 할머니의 노래
- 나무와 바람
- 뻐꾸기야!
- 열차 안에서
- 탐석(探石) 2
- 필리핀에서 2

산길

구율서 칠거리 가는 산길엔
지금도 가을이면
옛날처럼 그렇게
해마다 산국화는 피는데…

산국화 꺾어들고
산길을 걷던 사람들은
하나도 보이지 않고
으스스 억새만 어우러져있구나!

옛날 산길을 탈 때는
배나온 사람도
다리 저는 사람도
동네에서 찾아볼 수 없었는데…

버스가 들어오고
산길이 막히면서
동네서 성한 사람보기가 힘드니…
풍요가 꼭 좋은 것만은 아닌성싶구나!

한강 비둘기

2009년 입춘 날!
바람은 고요하고
한강물은 유유히 흐르는데…

비둘기 네 마리
나 혼자 앉아있는
한강공원 벤치 앞에 와서

고개를 갸웃거리며
내 주변을 맴돌다가
미련 없이 떠나가 버린다.

내가 저희들에게 던져줄
아무것도
가지지 않은 걸 보고…

불안(不安)

내 서재 창문 앞 빨래줄
바지랑대 꼭대기는
작은 새들이 잠깐
쉬어가는 휴게솝니다.

박새도 팔색조도
그리고 고추잠자리까지도
무어가 그리도 두려운지
앉았다하면 잠시도 가만히 있지를 않고,

고개를 이리 갸우뚱 저리 갸우뚱
눈을 이리저리 자꾸
두리번거리다가 금세
어디론가 날아가 버리곤 하는데…

우리네 사람들만 그런 줄 알았더니…
세상에 살아있는 것들 처 놓고
맘 놓고 편히 사는 것은 ·
아무것도 없나봅니다.

한강백사장을 찾았다가

1950년대 말 내 대학시절
여름이면 인파 속에 묻히어
반투명 얇은 메리야스 수영복차림으로
피서를 즐기던 한강 백사장이 그리워
큰 맘 먹고 반세기가 넘어 찾았더니…

예 놀던 추억의 한강백사장은
온 데 간 데 없고 그 자리엔
고가도로만 겹겹이 뻗혀있어
차바퀴 찢어지는 소리만 무섭게
계속 내 귀를 때리고 있다.

몸에 찰싹 달라붙은 수영복차림으로
물쪽제비가 되어 인파에 몸을 맡기며
흘러흘러 출렁이던 사람들!
그때 한강백사장엔
너무나도 아름다운 낭만이 있었는데…

날씬해서 쪽팔리던 처녀들도
뚱보를 보며 침 흘리던 총각들도
지금쯤 다 백발이 되었겠구나!
그들도 나처럼 무척이나
한강백사장을 그리워하고 있을 텐데…

아, 그런데 한강백사장은 어디로 갔느냐?

고스톱

나는 고스톱을 칠 줄 몰라
섬 학교에서 2년간 근무하는 동안
정말 어이없게도
왕따를 당한 일이 있었습니다.

교장은 고스톱 산신령, 교감은 도사
고스톱 해설사의 별명을 가진 교무 등
고스톱 박사들과 나는 어쩔 수 없이
고스톱을 치러 가곤했었는데…

아내는 노름판에 가면서 기도를 한다며
나를 보고 웃기는 양반이라고 빈정댔지만,
고스톱 룰도 모르는 나는 잃어주려고
아무것이나 내놓아도 항상 돈을 땄으니…

수덕(手德)이 워낙 좋아 못해보겠다며
그들은 내게 고수덕이란 별명까지 붙여줬는데…
나는 고스톱 때문에 골머리가 아프고,
승진을 앞당기려고 섬에 들어갔다가
오히려 2년이나 더 승진이 늦어졌습니다.

텃세

올봄 뒤란 언덕바지에 관상목으로
산수유 다섯 그루를 심었는데…
오늘 보니 세 주는 이미 죽고
두 주만 살아있어 유심히 살펴보았더니…

아직 살아남아있는 산수유묘목을
잡초들이 에워싸고
죽이고 있는 걸 보고
나는 정말 놀랐네.

사람들이 은근히 텃세를 하고
동물들이 제 영역을 지키듯이
식물도 제 근처에 딴 나무가 들어오면
가만히 있지 않는다는 걸 알았으니…

텃세를 당하며 죽어가는 산수유를 보는 순간
내가 어느 교회 장로로 있을 때
10여 년 동안 내게 엄청 텃세를 부리던
사람이 떠올라 또 한 번 마음이 아팠네.

범생이* 가출(家出)하다

1학기 중간고사에서 고2 아들이
시험을 잘 봤다고 좋아하던 딸한테서
이번에는 그 아들이 가출을 했다며
하루 만에 또 울먹이는 전화가 왔네.

가만 두지 않겠다고 잔뜩 벼르며
아들을 기다리고 있는 딸에게
앞 동(棟)에 사는 의자매
이성애(李成愛) 언니가 와서 보고는

이럴 때는 대화가 필요 없고
아들이 돌아오면
아무 말도 말고 오랫동안
꼭 안아만 주면 된다고 하여 그대로 했더니…

아들은 몇 년 만에 말문이 터져
진짜진짜 엄마를 사랑한다고 했다면서
딸은 또 금세 싱글벙글이다.
인간사 새옹지마(塞翁之馬)*라더니…

---

* 범생이: 모범생(模範生)의 신조어(新造語)
* 새옹지마(塞翁之馬): 옛날 중국북방에서 한 노인이 기르던 암말이 달아나서 슬퍼했는데, 나갔던 말이 며칠 만에 준마를 데리고 나타나서 기뻐했지만, 그 준마를 아들이 타다가 낙마를 하여 다리가 부러졌는데, 오히려 다리가 부러져 전쟁에 나가지 않아 목숨을 구했다는 고사에서 유래한 말로 인생에 있어서의 길흉화복(吉凶禍福)은 항상 바뀌어 미리 헤아릴 수 없다는 말.

할머니의 노래

내가 아직 어렸을 때
우리 할머니는 할아버지와 함께
내게 천자문(千字文) 한권을
다 가르쳐 주셨습니다.

내가 천자문을 읽다가
막히기라도 하면 먼저
할머니가 알려주곤 해서 나는
할아버지한테 혼날 일이 없었습니다.

우리 할머니는 배우진 못했어도…
친정이 서당이어서 천자문은 물론
시경까지도 한 두 절 읊곤 하셨는데…
듣기에 너무나도 좋았습니다.

그런데 우리 아버지 비명(非命)에
먼저 가신 후로는 할머니한테서
그 아름답고 청아한 목소리를
다시는 들을 수가 없었습니다.

나무와 바람

지는 꽃잎을 바라보면서
나무는 바람을 원망하며
소리 내어 울고 있지만…
바람은 아랑곳도 하지 않습니다.

나무는 제 스스로 꽃잎을
떨어뜨리고 있다는 것도
꽃잎은 져야만 된다는 것도
알지를 못합니다.

바람이 아니면 살 수도 없고
꽃을 피우지도
열매를 맺지도 못한다는 걸
나무는 알지를 못합니다.

뻐꾸기야!

오늘아침 네가 바로 대문 앞에서
뻐국~ 뻐국~ 울고 있는데도
나는 꼭 먼 산에서 우는 줄만 알았구나!

너는 울 때마다 보면
언제나 허스키한 목소리로
애절하게만 울고 있으니…

그래도 개개비에게 팔아넘긴
네 살붙이가 보고 싶어
울다가 목이 그리 쉬었느냐?

늦게라도 네 잘못을 뉘우치며
너무 울다 목이 그리 되었느냐?
이 불쌍한 뻐구기야!

주(註): 뻐꾸기는 몰래 개개비 둥우리에 들어가 알만 낳아 놓고 모르 쇠 하는데… 개개비는 뻐꾸기 알을 부화해서 제 새끼인 줄만 알고 기른다.

열차 안에서

내 마음이 가장 평온한 때는
장항선 열차를 타고 서울을 오갈 때
열차 안에서 보내는 시간이다.

열차 안에 있는 동안은
내 몸을 열차에
내맡길 수밖에 없기 때문이다.

자유는 누구나 바라는 것이지만
어딘가에 매어 있을 때가
더 행복할 때가 오히려 많으니…

아침에 구두 신을 일이 없는 자유인보다는
서둘러 출근하는 매인 사람이
불행하다고 누가 말할 수 있겠는가!

탐석(探石) 2

남한강에서 오석만을 보다가
군산 수석회원들과 함께
지리산 자락 산청에
탐석을 간 일이 있었는데…

돌들이 어찌나 투박하고 미운지
쳐다볼 마음조차 나지 않아
혼자 냇가에 앉아서
나는 한나절을 그냥 보냈습니다.

오후가 되어서야
그래도 여기까지 왔는데
기념석이라도 하나 주어가야지 하고
계속 기웃거리다보니,

지리산 돌도 그런대로
눈에 들어오기 시작하더니만
나중엔 지리산 돌이
오히려 남성답고 더 멋져 보였으니…

적자생존(適者生存)이란 말도 있지만
사람은 환경의 지배를 받으며
살 수밖에 없다는 걸 나는
탐석을 하면서 다시 한 번 깨달았습니다.

필리핀에서 2

필리핀 '빌리지' 마을에 가면
두세 개의 넓은 차고를 갖춘
저택에선 주로 서양인들이 살고 있는데…
몇 명씩 종을 부리며
본토인과는 전혀
다른 문화에서 살고 있지만
거기서는 그걸 당연한 걸로 여긴다.

성벽(?)으로 둘러싸인 '빌리지' 입구는
무장 경비원들이 지키고 있어
아무나 들어갈 수도 없으니…
야자수 줄지어선 아스팔트 거리는
항상 정결하게 비어있어
아침 걷기운동 때에나 나가면
사람들을 만날 수 있는데…

처음 보는 우리 부부에게도
친절히 인사를 하며
어디서 왔느냐고 묻기에
한국에서 왔다고 했더니…
한국은 부자라며 내게
엄지손가락을 내밀어
코리아 남바 원이라며 칭찬을 한다.

아, 나라가 최고가 되니
내가 정말 최고가 되는구나!

4부 들떡 방앗간

- 중앙박물관 '거울못'에서
- 새벽시장
- 선유도 은행나무
- 하모니카
- 국화옆에서
- 하숙아줌마
- 제자들의 초대를 받고
- 정년퇴임
- 탐석(探石)
- 고추잠자리를 보며
- 옥산(玉山)농협에서
- 들떡 방앗간

중앙박물관 '거울 못'에서

2009년 입춘 날 아침
한강 가는 길에
용산 중앙박물관에 들렀다가,

경관이 수려한 '거울 못'을 찾아
못 한 바퀴를 돌고나서
느긋이 혼자 벤치에 앉았더니…

날씨는 겨울답지 않게 따스하고
햇볕은 눈이 부시도록 맑은 데다
바람마저 잔잔하여,

못에 비친 경관은
한 폭의 그림같이 아름다운데…
아, 꼬리조팝나무들 꽃을 피우면 더 아름답겠네!

새벽시장

양파 모를 사러 아내와 함께
군산 구 역전 새벽시장엘 갔습니다.

팔딱거리는 산 간제미 하나에다
천방지축 나뒹구는 우럭 두 놈을
키로에 만 삼천 원을 주었더니…
덤으로 우럭 한 마릴 더 주었습니다.

살아있는 자연산 생선을 싼거리하고
이전 저전 기웃거리며
구경하는 재미도 너무 좋았지만…

먹거리도, 공기도, 사람들도
다 생기에 차있으니…
나도 덩달아 생기가 솟구치고
살맛이 나서 더 좋았습니다.

선유도 은행나무

1974년 내가 선유도중에 부임하여
첫 시간에 들어가서 학생들에게
선유도의 보물이 무어냐고 물었을 때
한 목소리로 '은행나무요.' 하고 대답을 했었는데…

그해 여름방학이 끝나고 학교에 와보니
운동장가에 서있는 은행나무 아래가지 셋이
잘려나가 그다지도 멋진 은행나무는
꼭 꽁지 빠진 장 닭 같이 변해있었는데…

다음날 아침 직원회에서 교장선생님은
침통한 표정으로 방학 중에 나무임자가
법적수속을 밟아 벌목을 하는 것을
일직 선생님이 사정을 해서 일단 만류해놓고,

비석을 세워주겠다고 부자들을 찾아가
사정을 해도 독지가가 나타나지 않으니
방법이 없다고 하여 내가 백년 은행나무를 사서
선유도중에 기증하여 지금까지 전해오고 있는데…

비석 세우는 것도 사양하고
35년간 묻어두었던 말을 지금 내가 꺼내는 것은
은행나무를 영원히 보전하기 위해서는
한번은 이 말을 해야 한다고 생각했기 때문이다.

하모니카

내가 중1 때는 한국전쟁으로
너무나도 어려운 시기였는데도
나는 할머니와 어머니를 졸라
어렵게 새 하모니카를 사서 불었습니다.

아버지께서 보자고 하여 드렸더니
아버지의 하모니카는 변화무쌍한 가락에
끊어질 듯 이어지는 소리가 어찌나 고운지
어디에서도 들어보지 못한 소리였습니다.

감히 아버지한테 물어볼 수도 없어서
나는 혼자 몇 달을 두고 연습하여
아버지의 소리를 겨우 흉내 내게 되었으니…
아버지는 나의 하모니카 스승이었습니다.

지금도 어쩌다 하모니카를 불 때면
그때 아버지 모습을 떠올리며
아버지가 부셨던 <늙은 엿 장사>를
흉내 내지만 아버지를 따라갈 수는 없답니다.

국화 옆에서

내장산 단풍이 절정에 이를 때쯤
나의 친구 노승우(盧承禹) 교수는
2007년 가을 그의 부인과 함께
국화 화분을 사들고 우리 집을 방문했네.

햅쌀밥 겉절이가 일미라며
두 번이나 가반을 하고도
소식을 한다면서도
누룽지까지 챙기며 구수해서 좋다던 친구!

집권당 정책위 의장으로 승승장구하다가
시새움을 받고 정계에서 은퇴했기에
다시는 정치는 안겠다며
그림이나 그리며 여생을 보내고 싶다는 친구!

벗이 떠난 자리엔 국화분만 하나 남아있지만
화분에서 고교시절 친구의 향기가
풍겨나는 것만 같아 나는
한참이나 연 핑크색 꽃망울을 쓰다듬고 있었네.

하숙 아줌마

1950년대 후반쯤 내가
대학을 다니던 때는
서울에 겨울이 오면 너무 추어
책상서랍안의 잉크가 얼었었는데…

밤이면 유리창이 덜컹거리고
천장이 펄럭이는 서대문 동양여관
2층 다다미 냉방에서 나는
유담프˚라는 걸 품에 안고 잤습니다.

헤픈 웃음 한 번도 흘리지 않던
하숙아줌마는 밤마다 내게
아줌마가 입던 그 옷가지로 싼
유담프를 건네주고 갔으니…

지금 생각해보면 남편을 뺏기고
항상 슬픈 얼굴로 애기를 업고 일하던
얼굴이 갸름한 젊은 아줌마는
하숙생을 짝사랑하고 있었나봅니다.

*유담프: 아직 산업화되기 전 연탄이 도시의 유일한 난방연료였던 시절엔 보통 집에선 2층 이상은 난방을 할 수가 없었으므로 난로를 피지 않으면 냉방에서 살수밖에 없었으니, 함석으로 만든 2중 타원형 용기에 끓는 물을 부어 살이 데지 않고 물이 잘 식지 않도록 천으로 싸서 품에 안고 잠을 잤다.

제자들의 초대를 받고

31년 전에 졸업시킨 제자들의 초대를 받고
옛 추억에 잠겨 어제 밤은 한 숨도 못자고
설레는 마음으로 모임에 나갔다.

1970년대 후반 그 어려웠던 시절
고된 모내기, 보리 베기에 동원 되고
한 시간 교련검열을 받기 위해 방과 후
뙤약볕에서 흙먼지 둘러쓰고
두 달을 두고 날마다 총연습을 하면서도
불평 한마디 하지 않고 견뎌내던 사랑하는 제자들!

졸업을 앞두고는 서로 헤어지기가 섭섭해서
종례시간이면 선생님 앞에서
'여고졸업반' 노래를 합창하던 54명의 제자들!
김명희 이석주 김정례 이정옥
이은옥 최영란 강진숙 이은례
유인자 최윤숙 채옥례 채순식.

강산이 세 번이나 변하고 나서
만났는데도 전혀 서먹하지 않고
유인자는 내 허리를 감싸 안고 응석을 부린다.

식사 전에 단체로 드리는 큰 절!
스승이기에 진정 드리고 싶고
스승이기에 받을 수 있는 그 큰절의 감격!
나는 너무 기뻐서 밥도 제대로 먹질 못했다.

서로 늙어가는 스승과 제자가 만나서
그동안 못해본 만단정회를 풀고 있는데…
제자들은 한결같이 내가 저희에게
따로 관심을 보여준 것만을
하나도 잊지 않고 생생하게 말해준다.

아차! 그렇구나!
나는 그동안 헛것을 가르쳤구나!
내가 가르친 한국사도 세계사도 지금
저 놈들이 하나도 기억하지 못하고 있을 텐데 말이야!

정년퇴임

영광의 38년 교단생활을 접으시고
새로운 인생의 큰 발을 내디디시는
죽산(竹山) 최창준(崔昌俊) 교수님.

오직 열정으로 가르치시고
사랑으로 제자들의 진로를 지도하신 교수님!
당신은 제자들로부터 존경을 받아 마땅합니다.

더구나 여섯 권의 저서와 30여 편의 논문.
이제 정년퇴임 논문집까지 발간하시니
그동안 교수님의 노고에 치하(致賀)를 드립니다.

당신은 지금 비록 교단을 떠나신대도
당신의 재능과 열정
그리고 추진력과 뚝심은

앞으로도 사회에 우뚝 서서
사회교육과 지역사회 발전을 위해
커다란 발자취를 남기시리라 의심치 않습니다.

남은여생 내내 건강에 유의하시고
이 나라를 바른 길로 이끄시는
민족의 참스승으로 오래오래 남아 있기를 기원합니다.

탐석(探石)

청주 땜이 막히기 전 남한강이
전국의 탐석가들로 붐빌 때
나도 식구 한 사람씩을 데리고
주말마다 남한강으로 탐석을 다녔는데…

1982년 10월 서창은 주민들이 떠나고
인적이 끊겨 섬뜩한 분위기가 감돌았지만…
물살이 급해 수질이 더 수려한 것 같아
나는 주로 서창으로 다녔습니다.

산중 가을 하루해는 하도 짧아서
쉴 새 없이 탐석을 하다보면
과로하여 코피가 나곤 했었는데…
그때마다 돌밭에 누워 코피를 진정시키면서

강가 미루나무가 유령이 될 때까지
아무도 없는 강에서 오석을 짊어 나르다가
밤이 되면 빈집 마당에 세워 둔
차안에서 잠을 자곤 했습니다.

내 코피로 얼룩진 애환의 남한강 오석!
귀신이 나온다는 빈집 마당에서
무서운 줄도 모르고 잤는데…
지금 생각해 보면 그 때가 나는 참 행복했습니다.

고추잠자리를 보며

줄기차게 내리던 7월 장마 비가
아침이 되면서 잠시 그쳐
대문 앞을 나가보니 벌써
고추잠자리가 떼를 지어 앞밭을 날고 있네!

남새밭의 돌 박 꽃이 이제야 피고 있어
가을이 오려면 아직 먼 줄만 알았는데…
벌써 고추잠자리가 나는 걸 보니
아, 2009년 가을도 머지않았나보다!

새천년이 온다고 지구촌이
떠들썩한 때가 바로 엊그제 같은데…
벌써 강산이 한 번 변하여
2천 10년대가 문턱에 와있으니…

지난 10년 세상은 엄청 변했는데…
앞으로 한 번 더 10년이 지나면
세상은 또 얼마나 어떻게 달라져있을까?
그리고 나는 어떻게 변하여 있고?

옥산(玉山)농협에서

옥산수원지 아카시아 꿀 향기 그윽하던 날
오후 늦게 옥산 농협을 찾았더니,
5월 춘곤증이 왔는지
창구 아가씨들이 다 울상이어서

"오늘은 이쁘게 보이기로 하자고
짜고들 왔나봐" 하고 한마디 했더니…
아가씨들은 좋아서 싱글벙글
암울하던 분위기가 일시에 확 달라졌네!

아직 나이 어린 최미라 양은
수줍어 얼굴에 화기만 가득하고,
고미애양은 나를 보고 고맙다며
하얀 이를 아주 들어 내놓고 있는데…

나이가 든 이윤하씨는 내 군청색
점퍼가 참 멋있다며 능청을 떤다.
"내 점퍼 어때?" 하고 내가 먼저 물어보긴 했지만…
그래서 나도 참 좋았다.

들떡 방앗간

신기촌 가는 길에
들떡 방앗간을 잠시 들렀더니
버려진 방앗간은 뼈대만 남아있고,
똘건너 외팔이네 선술집은 흔적도 없구나!

매갈잇간 자리도
정미기 위치도 분간할 수 없는데다
벼가마 쌓아놓았던 자리엔
황토벽이 윗대 채 떨어져 누워있고,

형채만 남은 쌀 풍고
추 없는 좌칭(坐秤)만
아직도 남아있어
40년 전 고객을 반기는구나!

그땐 나도 어른들을 모시고 한 집에서
사랑을 받으며 고통 없이 살았는데…
그러면서 어머니와 함께 들떔 방앗간을
내 집 드나들듯 했었는데…

윗분들 다 가시고 나만 외로이 남아
어머니와 함께 다니던
옛날 방앗간에 들러보니 감회가 새로워
아, 눈물이 나는구나!

5부 나의 소중한 사람들

- 소금
- 시루뻔 나물
- 또 감사를 했더니
- 논두렁에서 2
- 정수기
- 자취밥
- 지구촌 온난화 3
- 편지 5
- 구당 김남수 의원(醫員)
- 고아(孤兒)
- 나의 소중한 사람들
- 고희연(古稀宴)의 기도

소금

소나무 분재 밭을 매면서
근래 들어 하도 힘이 들 때면
어쩌다 제초제를 뿌렸더니…
분재가 서서히 죽어가서 걱정을 하는 중에

구약시대에 죽어가는 농작물을 보고
선지자가 밭에 소금을 뿌려주어
풍년농사를 짓게 했다는
성경말씀이 문득 생각나서

나도 의심 없이 소나무 분재 밭에
소금을 물에 타서 뿌려주었더니…
노랗게 죽어가던 소나무가
다시 파랗게 생기를 되찾았으니…

아, 정말 하나님 말씀이
지혜의 근본임을 다시 한 번 깨달았네!

시루뻔나물

이름마저 생소한 시루뻔나물!
너는 세상 어느 꽃보다도 먼저
봄도 오기 전에 성급히 불을 밝히지만
아무도 널 눈여겨보아주는 이가 없구나!

너는 평생을 두고 그렇게
차이고 밟히기만 하며 살았으니…
볼 때마다 네 몸은 이그러져
볼품이 사나운데…

교회 마당가에 난 시루뻔나물!
너는 시루뻔나물답지 않게
볼 때마다 화색이 좋고 아름다우니
그 비결이라도 따로 있는 거냐?

아무래도 너는
예배당에서 들려오는
아름다운 찬송가에다
하나님 말씀까지 먹고살아서 그러나보지!

또 감사를 했더니

은빛 와이셔츠 버튼
한 세트를 선물 받고
기뻐하며 감사를 했는데…

그 뒤에 만나서도
와이셔츠 버튼이 마음에 든다며
진정으로 또 감사를 했더니…

그 사람은 오히려
고맙다며
무척이나 좋아하더니만…

이번에는 내게
음이온
자수정 팔찌를 선물했네!

논두렁에서 2

2007년 여름 모가 잘못 심어져
아침저녁 시원한 참에
무논에 들어가 푹푹 빠지면서
한 주간이나 모를 때웠더니…

뱃살에 옆구리 살까지 빠지면서
몸이 유연해 지더니만…
날아갈듯 힘이 솟구치고
어찌나 기분이 상쾌한지

요새 점심은 토장국 한 투가리에
고봉밥을 게 눈 감추듯 하고도
누룽지까지 챙기니
정말 사람 사는 맛이 납니다.

고희가 넘어서도 무논에 들어가
일할 수 있는 건강을 주신 주님!
내게 백수가 되어서도 지금처럼
일할 수 있는 건강을 주옵소서.

정수기

지하수보다는 산속 물이
더 좋을 것 같아 십리길
차도 들어갈 수 없는 칠거리까지 가서
한때 영천수 약수를 길어다 먹었는데…

너무 힘이 들어
정수기를 설치했지만
필터를 자주 갈지 않으면
더 해로울 것만 같아 찝찝하던 차에

정수기 보다 이온수기가 건강에
더 좋다는 외판원의 말을 믿고
새 정수기를 떼어놓고
다시 이온수기로 바꿨는데…

외판원은 육각수를 권하고,
또 어름정수기를 권하고,
아내는 건강에만 좋다면 바꾸고…
오, 아내여! 그리고 외판원이여!

자취 밥

나 대학 1학년 때 친구 박종철과
서울 전롱동에서 자취를 할 때
봉지쌀을 팔어오면 밥맛이 꿀맛이다가도
자루에 말쌀을 팔어오면 밥맛이 떨어졌는데…

우리 집 소나무 분재 밭에 방목하는 닭들도
조금씩 주고 나서 돌아서면 금방 먹어치우지만
귀찮다고 하루 먹을 걸 한 번에 주면
다음 날이 되어도 먹이가 남아있으니…

요즘 젊은이들을 보면 아이들이
밥을 안 먹어 골머리를 앓고 있는데…
밥을 안 먹겠다면 한 끼만 굶기면 되는데…
그러면 더 건강에도 좋은데…

그런데 억지로 밥을 먹이고
굶었다고 걱정이 되어
아이가 좋아하는 과자나 주고 그러니…
어려서부터 건강을 해치고 뚱보가 될 수밖에…

지구촌 온난화 3

거의 반세기를 두고 해마다
6월 25일 아침에 일어나면 어김없이
우리 집 화단의 백합은 싱싱하게 피어
온 집안을 향기로 가득 채우고 있었는데…

근래에 와서 꽃피는 날짜가 들쭉날쭉해서
올해는 눈여겨보았더니…
한 주나 먼저 꽃이 피었는데,
예전의 꽃모습은 찾아볼 수가 없다.

예전에 볼 수 없던 아열대성 식물과
어족들이 한반도로 밀려오고
우리 대한민국의 상징 소나무가
수난을 당하고 있으며,

지금 당장 남태평양의 섬나라
투발루의 10퍼센트가 물속에 잠기고,
알라스카 동토(凍土)층이 가라앉고 있으니…
아, 지구촌 온난화 정말 두렵구나!

편지 5

나의 73회 생일 다음 날 아침
아내는 딸의 촌지 봉투에 동봉된
'야생초 편지' 지에 쓴 편지를 읽으면서
목이매어하고 있었습니다.

나도 아내의 편지 읽는 소리를 들으면서
명치끝이 찡하면서
눈물을 주체할 수가 없었으니…

'사랑하는 아빠!
 생신을 축하드려요. 아빠를 보면 나이는 숫자에 불과하단 말 맞는 거 같아요. 열정을 잃지 않고 삶을 살아가는 모습 너무 보기 좋아요. 항상 같은 모습으로 제 곁에서 오래오래 사시기를 하나님께 기도 드려요. 나이가 더해가면서 부모님의 소중함을 알아갈 것이니 지금껏 못 다한 효도 두고두고 갚을께요.

2009. 7. 29
딸 은실'

구당 김남수 의원(醫員)

히포크라데스는 말하기를
약으로 낫지 못하는 병은 쇠(鐵)로 낫고,
쇠로 낫지 못하는 병은
불로 낫는다고 했다지요.

지금 사는 의원 중에
조선시대 허준 선생이나
이제마 같은 분이 계시니…
그 분이 바로 구당 김남수 의원이십니다.

침구사 김남수 옹도 한때 병을 얻어
병원에서 사경을 헤매다가
끝내 낫지를 못하고 40일 만에
강제 퇴원을 당한 일이 있었는데…

아들을 시켜 당신 몸에 쑥뜸을 떠
건강을 회복하고 96세인 지금까지도
의료봉사를 하며 만인의 불치병을 고쳐주시니
구당 선생이야말로 의원 중의 의원이십니다.

고아(孤兒)

우리 어머니 93세에 돌아가시고
내가 고아가 되고 나서야
나는 고아가 무엇인지를 알았습니다.

어머니 살아계실 땐
나도 외로운 줄 모르고
어머니 밑에서 젊은이로 살았는데…

내게는 자손이 많은데도
한분 어머니 가시고 나서
나의 외로움은 시작되었으니…

사람은 누구나 다
언젠가는 고아가 되고
그래서 외로울 수밖에 없다는 것도 알았습니다.

나의 소중한 사람들

강의 시간에 앞에 앉은 대학생에게
지금 너는 왜 젊은지 아는가? 하고
어리석은(?) 질문을 해보았는데,
학생은 어이가 없는 듯 대답이 없었지만…

내가 고희를 넘어서 깨우친 게 있으니…
지금의 내 나이에 아직도 내가
젊은이 행세를 할 수 있는 것은
나보다 나이 든 노인이 많기 때문이란 걸…

우리 할아버지는 88세까지 사시면서도
70대가 되면서부터 소망이 없이 사셨는데…
그때만 해도 70을 사는 사람이 드물어
인생 다 사신 줄만 알았기 때문이었다.

내가 지금 동네 연상을 만나면 반갑고
그들에게 오래오래 살아달라는 덕담이
나도 모르게 나오게 되는데…
이 덕담도 나를 위한 말인지도 모른다.

내가 외롭지 않은 것은 내 손윗사람이
있어서란 걸 젊어서는 모른다.
후배보다는 선배, 아우보다는 형이 좋고,
아들보다는 부모가 더 좋다는 것도…

고희연(古稀宴) 기도

오늘 고희를 당하신 당신은
한국 현대사의 산 증인이십니다.
일제 식민지 통치를 체험했고,
1945년 8, 15해방의 환희
해방 후 좌우파의 갈등과 사회혼란
6, 25 한국전쟁의 동족상잔
공산당의 공포정치를 체험했으며,
보리 고개를 울며 넘은
역사의 산 증인이십니다.

당신의 어린 시절은
인간 대접도 받지 못했고,
청장년 시절엔 웃어른 밑에서
종으로 살았으나
막상 늙어 며느리를 보고 나니
이제는 다시 며느리의 종으로
전락되어 살아가고 있으니…
지금 노인들의 생애야말로 한스럽습니다.

공의로우신 주님!
간절히 바라옵는 것은
오늘 고희연을 베푸는 이 노인에게와,
세계에서 가장 가난했던 나라를
열한 번째 가는 부자나라로 만든 장본인
지금의 노인들을 불쌍히 여기셔서
이 나라 노인들 모두에게
건강과 장수의 축복으로 보상해 주소서.

달맞이 꽃(고석원 제10시집)

지은이 / 고 석 원

2009. 8. 25. 발행

펴낸곳/ 도서출판 엠-애드
펴낸이/ 이 승 한
서울시 중구 필동3가 10-1
전화 / 02)2278-8063/4
팩스/ 02)2275-8064
 e-mail/madd1@hanmail.net
등록번호/ 제2-2554

마케터/ 이종학
디자이너/ 임선실
전산팀/ 임재혁

이 책에 실린 글과 모든 그림, 사진의 무단 전재와 무단 복제를 금합니다.
파본은 교환해 드립니다.

정가: 6,000원

ISBN 978-89-88277-82-9